NOUVELLE

MÉTHODE

POUR

APPRENDRE A LIRE SANS ÉPELER,

AVEC

DES PRIÈRES ET DES MAXIMES

A L'USAGE DES ÉCOLES CATHOLIQUES.

Par L'ABBÉ L. J. H.***

NOUVELLE
MÉTHODE

POUR

APPRENDRE A LIRE SANS ÉPELER,

AVEC

DES PRIÈRES ET DES MAXIMES

à l'usage

DES ÉCOLES CATHOLIQUES.

Par l'Abbé L. J. H. ***

PROPRIÉTÉ DE L'ÉDITEUR.

PARIS.
{ Chez Ad. Le Clere et C.ie, Imprimeurs-Libraires,
quai des Augustins, 35.
— V.ve Maire-Nyon, Libraire, quai Conti, 13.

LILLE. L. Lefort, Imprimeur-Libraire,
rue Esquermoise, 55.

BÉTHUNE. Reybourbon, Imprimeur-Libraire.

—

1835.

AVANT-PROPOS.

En suivant notre méthode, on laisse aux voyelles simples leur ancien son ; mais e, é, è, sont regardés comme trois voyelles différentes dont l'accent ne doit pas être énoncé.

Les consonnes b, p, c, d, t, j, g, x, v, f, l, m, n, r, q, s, z, ch, ph, gn, k, h, se prononcent be, pe, ke, de, te, je, gue, kse, ve, fe, le, me, ne, re, que, se, ze, che, phe, gne, ke, he, en prononçant e le plus muet possible. Cette prononciation une fois admise, les lettres af, par exemple, se prononcent tout naturellement afe, de même ol se prononce ole, et ainsi des autres, et il ne faut plus épeler ; ce qui abrège beaucoup les premiers élémens de la lecture. Les syllabes ba, pa, etc. se prononcent également sans épellation, en changeant be en ba, pe en pa, etc ; ce qui est encore fort naturel.

Quant aux voyelles composées eu, ou, oi, an, in, on, etc. il faut donner à chacune leur son propre, comme si elles n'étoient formées que d'une seule lettre, et en se gardant bien d'épeler. Quand les élèves connoissent bien ces sortes de voyelles, et non auparavant, on leur fait prononcer beu, peu, etc. encore sans épeler, et cela jusqu'à ce qu'ils puissent lire couramment toutes ces sortes de syllabes sans épellation, comme on les trouve page 7.

En général, les premières pages de cette méthode ne sauroient être trop bien apprises avant que de passer aux suivantes, et ce n'est encore que quand les élèves savent lire couramment ces autres pages qu'on doit les faire passer plus loin. On devra même toujours procéder de cette manière jusqu'à la fin, puisque c'est le meilleur moyen à employer pour apprendre à lire parfaitement.

Nous avons eu soin de mettre dans notre méthode les principales règles qui font connoître les cas où certaines lettres changent de prononciation, et ceux auxquels certaines consonnes finales ne se prononcent pas, etc.; et pour plus de clarté, nous avons souvent mis entre parenthèses la véritable prononciation du mot qui précède. Toutes ces règles nous ont paru suffisantes pour une méthode de lecture, vu surtout que les élèves doivent encore les retrouver dans la grammaire française.

Quant aux diverses manières d'enseigner, nous n'en avons pas parlé, parce que nous supposons que les maîtres les connoissent ; ils sentiront sans doute aussi qu'il faut expliquer aux élèves les règles que nous avons données sur les changemens de prononciation, etc. plutôt que les leur faire lire.

Voyelles simples.

A E É È I - Y O U.
a e é è i - y o u.

Consonnes.

B P C D T, J G X V F,
b p c d t, j g x v f,
L M N R Q, S Z CH PH GN,
l m n r q, s z ch ph gn,
K - k, H - h.

Exercice.

J r K a X z Y gn F e
M p U t R i S x O s
CH è GN k P n B é C h
I l T y G m È ph V u
L c É j N g Q v E ch
Z o PH d A f H b D q.

Syllabes d'une voyelle simple suivie d'une consonne.

ab	ip	oc	ud
it	og	ux	af
ol	ur	as	iz
ub	ap	ic	od
at	ig	ox	uf
il	or	us	az
ob	up	ac	id
ut	ag	ix	of
al	ir	os	uz
ib	op	uc	ad
ot	ug	ax	if
ul	ar	is	oz
ec	el	er	es
oph	eph	oq	uq

On doit prononcer *ab* (abe) sans épeler, et avec l'*e* de *be* fort muet. On prononce de même *ip* (ipe); *oc* (oke), et ainsi des autres; mais *ec* se prononce (èke) etc., car *e* devant une consonne qui appartient à la même syllabe se prononce ordinairement ouvert, excepté devant *s* à la fin d'un mot où l'*e* reste muet.

Syllabes d'une consonne suivie d'une voyelle simple.

ba	pa	ca	da	ta.	je	gue
xe	ve	fe.	li	mi	ni	ri
qui.	sé	zé	ché	phé	gné.	bo
po	co	do	to.	jè	guè	xè
vè	fè.	lu	mu	nu	ru	ku.
sa	za	cha	pha	gna.	be	pe
ke	de	te.	ji	gui	xi	vi
fi.	lé	mé	né	ré	qué.	so
zo	cho	pho	gno.	bè	pè	kè
dè	tè.	ju	gu	xu	vu	fu.
la	ma	na	ra	qua.	se	ze
che	phe	gne.	bi	pi	ki	di
ti.	jé	gué	xé	vé	fé.	lo
mo	no	ro	quo.	sè	zè	chè
phè	gnè.	bu	pu	cu	du	tu.
ja	ga	xa	va	fa.	le	me
ne	re	que.	si	zi	chi	phi
gni.	bé	pé	ké	dé	té.	jo
go	xo	vo	fo.	lè	mè	nè
rè	què.	su	zu	chu	phu	gnu.
ha,	he,	hi,	hé,	ho,	hè,	hu.

On fera dire *ba*, *pa*, *ca*, *da*, etc, ou *ba*, *xe*, *qui*, *po*, etc.

2

Exercice sur toutes les syllabes précédentes.

a-mi. é-té. a-ne. é-chu. î-le. a-xe. il i-ra. o-de. é-cu. ô-té. a-me. u-ni. pa-ré. il bu-ta. pè-re. ta-ri. bo-ré-e. pé-ri. u-ne. bi-né. pi-qué. bè-che. po-li. ba-gue. pu-re. ca-vé-e. dé-jà. du-ré-e. co-che. di-re. cu-ré. do-té. dé-chi-ré. tu-be. da-me. to-que. ju-pe. ti-mi-de. jo-li. te-nu. je-té. fi-gu-ré. ja-va. gui-dé. gué-ri. va-li-de. go-bé. il ve xa. ga-le. vé-na-le. re-vu-e. vo-gue. fa-de. vi-de. fé-ri-e. lu-xu-re. fi-xe. lu-ne. fo-li-e. lo-be. fu-ti-le. lé-gu-me. fi-xi-té. li-gué. fi-chu. lâ-ché. mu-ra-le. li-gné-e. mo-bi-le. na-tu-re. mi-gno-té. né-ga-ti-ve. mé-ri-te. ni-che. me-nu. ma-chi-ne. no-mi-e. ma-xi-me. nu-que. ra-pi-ne. quo-ti-té. re-cu-lé. qui. ri-de. qua-li-té. rô-ti. sa-lé. ru-ra-le. sé-né. zi-za-ni-e. si-gna-lé. zo-ne. so-li-de. zé-ro. su-re. zè-le. chu-te. za-mo-ra. cho-pi-ne. pha-re. chi-co-té. phé-no-mè-ne. ché-ri. pho-la-de. cha-que. so-phi-e. il ga-gna. hu-mé. si-gné. hô-te. i-gno-ré. hi-e. di-gni-té. hé-ri-té. a-bo-li. ha-bi-té. o-pé-ra. a-zu-ré. o-xi-dé. or-me. ir-ri-té. or-né. a-vi-li. ar-mé. o-va-le. ré-vo-lu. cha-ri-té. ca-ché. al-té-ré. ar-me. sè-ve. vi-ra-go. mi-di. ha-bi-le. ré-u-ni. do-ré. a-by-me. ju-ry. é-phè-be. a-po-zè-me. as-pi-ré. ad-mi-ré. ac-ti-vi-té. ar-che. ar-mé-ni-e. ap-ti-tu-de. ob-te-nu. oc-ta-ve. ur-ne. ur-ba-ni-té. or-ti-e. ur-su-le. os-té-o-co-pe. i-ni-qui-té. il si-gni-fi-a. pa-no-ra-ma. py-ra-mi-de. ho-mo-ny-me. sy-na-go-gue. mo-dè-le. né-o-phy-te. pi-gno-ché. bo-ta-ni-que. i-na-ni-mé. ca-la-mi-ne.

Prononcez *ha, he, hi,* etc., comme *a, e, i,* etc.

Voyelles composées.

eu ou oi an in on un oin.
an in on un oin eu ou oi
un oin eu ou oi an in on.

Syllabes d'une consonne suivie d'une voyelle composée.

beu. peu deu teu. jou gou vou.
fou. loi moi noi roi. san zan
chan can. bin pin din tin. jon
gon von fon. lun mun nun run.
seu zeu cheu keu. bou pou dou
tou. joi goi voi foi. lan man
nan ran. sin zin chin kin. bon
pon don ton. jun gun vun fun.
leu meu neu reu. sou zou chou
cou. boi poi doi toi. jan gan
van fan. lin min nin rin. son
zon chon con. bun pun dun tun.
jeu gueu veu feu. lou mou nou
rou soi zoi choi coi. ban pan
dan tan. jin guin vin fin. lon
mon non ron. sun zun chun cun.
poin, coin, join, foin, loin, moin, soin.

On fera dire *beu, peu, deu*, etc., ou *beu, fou, chan*, etc.

Exercice sur toutes les syllabes précédentes.

Di-eu. bon. la foi. u-ne loi. ne-veu. mou-lu. fou-lon. bâ-ton. a-veu. cou-che. gueu-le. a-meu-té. bi-jou. bou-din. pi-gnon. con-join-te. con-fon-du. mou-ton. ron-din. pin-son. ou-ra-gan. bou-quin. sa-xon. boi-re. gou-jon. sou-che. de-meu-re. fi-lou. é-toi-le. mé-moi-re. poi-re. sa-pin. din-don. dan-din. van-té. bou-che. bu-tin. can-ton. cha-cun. chan-té. che-min. che-veu. chou. con-ju-ré. cou-lé. dan-se. dou-te. eu-ro-pe. fan-fa-ron. fa-quin. fa-rou-che. feu. fin. foin. foi-re. fon-dé. fou-gue. gan-se. gon-fa-non. gou-lu. han-se. heu-re. jeu-né. join-tu-re. jon-ché. jou-te. loin. a-loi. fou-lon. lun-di. man-chon. meu-lan. cu-min. moi-ré. mon-ta-gne. mou-chu-re. nan-ti. neu-ve. ve-nin. non. noi-re. pan-go-lin. peu. pin-te. poi-gné-e. pon-ton. mou-lin. pou-mon. quan-ti-è-me. quoi. ran-cu-ne. roi-de. ron-don. rou-cou-lé. san-té. seu-le. sin-don. sou-ta-ne. soin. soi-gné. son-dé. tan-te. tin-toin. ton-din. tou-lon. toi-le. van. veu-ve. vin. voi-tu-re. con-voi. vou-té. ar-moi-re. ab-sou-te. ad-join-te. al-bin. al-mon-de. ap-si-de. ar-bo-ré. oc-tan-te. oc-ta-von. ob-sé-dé. or-to-lan. or-phe-lin. or-gon. ur-bin. us-ti-on. ig-ni-co-le. ir-lan-de. is-lan-de. ur-san-ne. bou-ton. moi-gnon. ca-ri-gnan. guin-dé. bou-can. pan-ta-lon. ban-que. mé-chan-te. bon-té. voi-lé. re-coin. bou-tu-re. co-ran. meu-le. co-quin. rau-que. tou-can. il jeu-na. an-toi-ne. bou-ra-can. chan-son. di-vin. il boi-ra. a-qui-lon. poin-té. mi-lan. an-jou. au-tan.

Voyelles équivalentes, en deux colonnes, avec des exemples à côté, pour servir d'exercice

(è) ê   tê-te. quê-te. mê-me. vê-tu.
(è) ai ai-gu. mai-ne. pai-re. ba-lai.
(è) ei pei-ne. sei-ze. tei-gne. vei-né.
(è) e (1) se-xe. e-lle. er-go-té. es-qui-vé.
(o) au jau-ne. chau-mé. fau-con. sau-le.
(o) eau beau-té. poi-reau. cha-teau. veau.
(an) am bam-bin. tam-pon. lam-pi-on.
(an) em tem-pê-te. em-pê-ché. rem-boi-té.
(an) en ren-voi. pen-si-on. sen-sé. fen te.
(eu) œu vœu. cœur. sœur. bœuf. œuf.
(in) im im-bi-bé. lim-be. tim-ba-le.
(in) ym sym-pho-ni-e. tym-pa-non. lym-phe.
(in) yn syn-di-ca-le. syn-co-pé. syn-ta-xe.
(in) aim faim. étaim. daim.
(in) ain hu-main. bain. cha-tain. vi-lain.
(in) ein se-rein. fein-te. rein. pein-tu-ré.
(on) om com-pa-gnon. pom-pon. nom.

---

(1) La voyelle *e* se prononce ordinairement *é*. 1.° Quand elle est suivie de deux consonnes ou d'un *x*; comme dans *sexe*, *elle*, *ergoté*, *esquivé*, etc. 2.° A la fin des mots lorsqu'il est suivi d'un *t* qui ne se prononce pas, comme dans *boulet*, etc. ou d'une autre consonne finale qui se prononce, telle que *c*, *f*, *l*, *m*, *x*, etc. comme dans *sec*, *chef*, *mortel*, *item*, *index*, etc. Mais comme la consonne *s* ne se prononce presque jamais à la fin des mots; quand un *e* la précède, il reste alors muet, comme dans *terres*, *portes*, etc. Cependant *ces*, *des*, *les*, *mes*, *ses*, *tes*, *tu es*, se prononcent *sè*, *dè*, *lè*, *mè*, *sè*, *tè*, *tu è*. De plus *il est* se prononce *il è*. *Couvert* se prononce *couvère*, et *divers* (*divère*) etc. La conjonction *et* se prononce *é* fermé.

Exercice sur les voyelles équivalentes.

Mê-che. pei-gne. bê-te. dé-lai. sai-ne. é-tai. lai-ne. la rei-ne. tai-re. sei-ne. le-xi-que. sau-mon. con-ve-xe. el-me. er-min. bau-me. ten-don. jam-bon. vau-ban. fen-du. ban-deau. len-te. tam-bou-rin. pom-pon. lam-beau. tem-pe. chan-teau. té-moin. men-ton. tom-beau. pein-te. pen-si-on. bam-bou. neu-ve gueu-le. vei-ne. tau-reau. neu-vai-ne. ha-lei-ne. dé-pê-che. loin-tain. re-vê-che. dau-phin. mau-ve. ten-te. ten-don. ab-sen-te. ac-ti-ve. ad-ju-ré. al-ca-de. ap-te. ar-pen-té. ar-den-te. as-pi-ran-te. at-lan-te. ec-ty-pe. el-be. er-go. es-pa-don. har-pon. hec-ta-re. her-cu-le. his-toi-re. ig-né. ob-tem-pé-ré. oc-to-go-ne. op-ti-que. or-bi-te. os-ten-de. our-se. ul-mai-re. ur-bain. us-ten-si-le. se-mai-ne. quin-zai-ne. ba-lei-ne. dou-zai-ne. mi-li-eu beau-cai-re. com-pen-sé. sou-ve-rain. tem-pé-ran-te. sain-foin. a-ban-don. con-den-sé. de-ssein. tem-pê-te. pein-te an-dain. sou-pen-te. ram-pan-te. tein-tu-re. cham-pi-on. o-lym-pe. im-pu-re. fau-con. tein-te. sai-gnan-te. con-ve-xi-té. per-le. lan-ter-ne. fer-me. pi-e-rre. ba-gue-tte. jeu-ne-sse. be-lle. é-tau. ca-veau. em-pa-ré-. tym-pan. dé-pen-se. im-pu-den-te. pa-ten-te. hau-tain. mon-dain. vai-ne. au-bai-ne. am-bi-gu. em-pi-re. pein-tu-re. cym-ba-le. ai-rain. fon-tai-ne. con-tem-po-rain. cham-pi-gnon. œu-vé. sé-ra-phin. ai-mer. ai-mez. (1) aimé. sa-ler. sa-lez. sa-lé.

---

(1) Les deux lettres *er* et *ez* à la fin d'un mot se prononcent *é*. Ainsi *aimer* et *aimez* se prononcent *aimé*, etc. Cependant à la fin des mots : *amer, cher, enfer, fer, fier, hier, hiver, mer, ver,* etc, les deux lettres *er* se prononcent *ère*.

Changement de prononciation dans quelques Syllabes.

c *ou* **sc** *se prononcent comme* s *devant* e *ou* i.

Ce-ci. dé-cen-ce. ci-li-ce. cein-tu-re. lar-cin. sci-e. scè-ne. sceau. scin-que. de-scen-te, etc.

ç *se prononce comme* s *devant* a, o, u.

Fa-ça-de. ran-çon. re-çu. ma-çon. de-ça. dé-çu, etc.

g *se prononce comme* j *devant* e *ou* i.

Rou-ge. gi-gue. ju-gé. bou-gi-e. o-ra-geux (1), etc.

ge *se prononce comme* j. *devant* a, o, u,

Pi-geon. na-geoir. geai. li-e-geois. lo-geant (1) etc.

s *entre deux voyelles se prononce comme* z.

Ba-se. ro-seau. mai-son. mi-sè-re. vi-si-te. vi-sa-ge. poi-son. ru-se. rai-son, etc.

ti *se prononce comme* si *dans les mots suivants*.

Mar-ti-al. nup-ti-al. par-ti-el. con-fi-den-ti-el. pa-ti-ent. quo-ti-ent. am-bi-ti-eux (1). sé-di-ti-eux. no-ti-on. ac-ti-on. por-ti-o-nner. pri-ma-ti-e. pro-phé-ti-e. mi-nu-ti-e. do-mi-ti-en. ve-ni-ti-en, etc.

i-en *se prononce comme* i-in *dans les mots* :

Bi-en. li-en. mi-en. si-en. ti-en. ri-en. an-ci-en. gar-di-en. main-ti-en. moy-en. doy-en, etc., et dans vi-ent. ti-ent. il vi-en-dra, il ti-en-dra, etc.

ex *ou* **exh** *suivi d'une voyelle au commencement d'un mot, se prononce comme* egz.

Ex-il. ex-o-de. exh-or-té. exh-a-lé, etc.

---

(1) Dans les exemples ci-dessus, et dans d'autres semblables, les consonnes *s*, *t*, et *x*, ne se prononcent pas à la fin des mots.

Exercice sur ce qui précède.

Un ga-ge. é-lar-gi. la nei-ge. gen-re. gin-geo-le. gi-ron. ge-nou. cé-ci-té. con-çu. le-çon. voi-ci un mor-ceau de sa cein-tu-re. do-mi-ci-le. a-dou-ci. cin-quan-te. cen-se. ho-mi-ci-de. con-sci-en-ce. con-de-scen-dan-ce. ex-i-gen-ce. exh-u-mé. exh-i-ber. ex-o-ti-que. ex-a-gé-ré. ven-gean-ce. ci-ta-ti-on. co-er-ci-ti-on. ma-cé-ra-ti-on. sci-en-ce. lo-cu-ti-on. in-ven-ti-on. fa-cé-ti-e. i-ni-ti-é. im-pé-ri-ti-e. es-sen-ti-el. quo-ti-ent. im-pa-ti-ent. cap-ti-eux. con-ten-ti-eux. pri-ma-ti-e, etc. ques-ti-on (1). bas-ti-on. bes-ti-al. hos-ti-e. mo-des-ti-e. be-soin. tei-gneux. au-tun. ve-xin. jau-gea-ge. le-ger. il fei-gnoit. il dai-gne. sa-von. chai-se. a-vei-ne. a-gneau. dé-cès. gai-ne. sou-dain. é-lé-phant. au-cun. a-ga-çant. py-ra-mi-de. fou-gueux. gain. je re-vi-ens. il re-ti-ent. geo-li-er. rau-que. ex-u-bé-ran-ce. heu-reu-se. phy-si-que. mé-xi-cain. fa-quin. sé-vè-re. re-gain. mu-queu-se. ai-gui-ser. peu-reu-se. nou-veau. bai-gnoi-re. fu-seau. mou-lu. cha-peau. meu-lan. rou-leau. cha-ti-er. pou-lain. le ko-ran. le quai. bou-leau. co-quin. poi-reau. de-main. moi-si. chi-gnon. bai-ser. ga-zon. soi-gneu-se. cho-se. é-phè-se. boi-te. joi-gny. ca-lè-che. le pain quo-ti-di-en. gui-don. a-voir faim. vi-caire. sei-gneur. cou-sin. sau-ge. voi-sin. en-sei-gne. vo-leu-se. o-cé-an.

---

(1) Les deux lettres *ti*, après la consonne *s*, ne se prononcent jamais comme *si*; ainsi on ne dit pas *ques-si-on*, etc.

Prononciation de deux consonnes.

bl. (1)	bla	ble	bli	bleu	blin	blon
br.	bré	bro	bru	bra	bron	brin
pl.	pli	pla	ple	ploi	plom	plein.
pr.	pru	pré	pri	pren	prou	prai
ps.	pso	psa	pse	psi	psau	pseu
cl.	clé	clo	cloi	clou	clan	clin.
cr.	cru	cré	cri	croi	crin	cran
dr.	dra	dri	dru	dren	dron	drai
tr.	tri	tru	trou	tran	train	trom.
gl.	glé	gli	glo	glu	gla	glon.
gr.	gri	gro	gru	gra	gran	grain
vr.	vro	vre	vri	vran	vron	vrai
fl.	flu	fla	flé	flo	fleu	flam.
fr.	fri	fro	froi	fran	frai	frein.
sc.	sco	scu	sca	scan	scau	scom.
sp.	spu	spa	spé	spi	spo	spon
st.	sta	sti	sto	stu	stan	stin.
sl.	slo	sla	slau	phl.	phlé	phlo
sph.	spha	sphé	sphin	thr.	thro	thre
phr	phré	phro	phra	thl.	thlè	thla

---

(1) Le maître montre *bl* et prononce (*ble*) sans épeler. Il prononce de même *br* (*bre*), *pl* (*ple*), etc. *sph* se prononce (*sfe*), *phr* (*fre*), *phl* (*fle*), *thr* (*tre*), *thl* (*tle*); et ainsi des autres.

Prononcez th, rh, tha, rhi, thé, rhu, tho, rhin, *etc. comme* : t, r, ta, ri, té, ru, to, rin, *etc.*

4

Exercice sur les mêmes consonnes.

Sem-bla-ble. gla-ce. em-pli. ou-bli. im-plo-rer. dou-blé. brè-che. tro-phé-e. fla-con. blê-me. san-gle. gru-ger. grè-ve. bro-der. blu-teau. om-bre. pla-ce. bra-ve. clo-che. dé-cli-ner. clô-tu-re. cru-che. ex-é-cra-ble. bri-que. pou-dré. traî-tre. fou-dre. ven-tru. flo-con. fro-ma-ge. sou-fre. pau-vre. ou-vra-ge. drô-le. mai-gre. é-tran-glé. grâ-ce. trô-ne. flè-che. in-fli-gé. gri-ve. glo-be. plu-me. glè-be. dru. cram-pon. a-bri. flan-drin. bra-vou-re. am-phi-thé-â-tre. flam-beau. mé-tho-de. pro-phè-te. ca-thé-dra-le. cam-phre. hi-po-thè-que. trè-fle. a-fri-cain. crain-dre. cloî-tre. thé-â-tre. ca-tho-li-que. blai-reau. hy-drau-li-que. pein-tre. a-gran-di. scan-da-le. em-plâ-tre. spa-tu-le. cru-au-té. a-gra-fe. bri-guer. plein. phi-lan-thro-pe. en-frein-dre. con-train-dre. frè-re. plé-tho-re. a-na-thè-me. bri-don. l'eu-phra-te. frein. com-pren-dre. né-phré-ti-que. phlé-gé-thon. pro-blè-me. dé-plo-ra-ble. em-prein-dre. l'ê-tre su-prê-me. stu-pi-de. trou-peau. com-plain-te. tri-om-phe. crou-ton. tren-te. flé-au. en-rhu-mé. cha-grin. si-è-cle. trai-teau. chè-vre. a-phro-di-te. bru-lé. che-vron. en-clin. lè-vre. plâ-tre. maî-tre. plan-che. pro-xi-mi-té. qua-tre. sym-pa-thi-e. tri-ple. thym. sty-le. sphè-re. ta-bleau. é-cri-vain. bran-don. trin-gle. cam-brai. é-trein-dre. re-frain. grê-le. traî-neau. oin-dre. re-join-dre. pla-nè-te. tri-bun. cri-ble. thé-o-phi-lan-thro-pe. psau-me. ca-dran. phi-lo-thre. é-crou. plai-doi-ri-e. en-flé. bru-meux. fru-ga-le. fré-mi. pré-vu. en-i-vré (an-i-vré).

Syllabes finissant par une consonne qui se prononce. — Exercice.

Ar-tis-te. jar-din. bar-que. bal-con. pour-quoi. bac. bas-cu-lé. a-bel. béc. oc-to-bre. bor-ne. dog-me. bol. bus-te. bis-tre. bos-ton. bour-don. beu-gler. mal-gré. bur-les-que. oc-troi. mar-teau. bul-be. cal-vai-re. ab-syn-the. blas-phè-me. dé-bus-qué. bour-se. cap-ti-ve. pac-te. pal-me. phos-pho-re. par-don. pas-to-ral. stig-ma-te. pec-to-ral. per-du. or-meau. aug-men-té. pes-te. car-ton. pis-to-le. sou-pir. har-mo-nie. dac-ty-le. pol-tron. em-por-té. cor-deau. pos-te. pul-pe. ap-tè-re. pur-gé. peur. dis-cor-de. es-poir. jar-gon. cal-me. a-jus-té. bar-ba-rie. cap-tif. car-te. cep. a-lar-mis-te. cer-tain. or-fè-vre. cir-cu-lé. four-neau. ré-col-té. coq. so-phis-me. cor-de. cul-te. quar-ti-er. quel-que. ques-ti-on. qu'il. far-deau. li-queur. im-por-tun. ré-gal. gar-de. pac-te. gas-con. dé-gel. au-jour-d'hui. ger-me. ges-te. ba-lus-tra-de. rou-gir. jus-te. a-char-né. dar-der. der-ni-er. cor-nu. des-po-te. cap-tu-re. dic-té. l'eau bap-tis-ma-le. bon-dir. car-can. tar-dif. dor-mir. mous-ta-che. a-que-duc. dur-cir. tac-ti-que. cor-beau. mé-tal. tar-dé. a-jour-né. hô-tel. ter-nir. pro-tes-té. sub-til. par-tir. brus-que. jas-min. sys-tè-me. toc-sin. tor-du. qua-tor-ze. spas-me. fic-ti-on. jour-nal. fal-qué. nar-gué. far-ce. ner-veu-se. fer-me. ca-nif. fes-tin. nor-mal. fil-tre. jau-nir. for-ce. nul. ful-mi-né. é-ter-nel. fur-tif. tour-neur. che-val. noir. vas-te. sac. ver-tu. sal-pê-tre. ves-te. sar-clé. nou-vel. sec. vic-toi-re. ser-pe. vif. pen-sif. vil. sur-sir. vir-gu-le. soc.

Continuation du même Exercice, etc.

Lac. sor-tir. lar-geur. sub-ve-nir. lec-tu-re. ar-bus-te. cor-ni-chon. suc. les-te. sud. lic-teur. seul. po-lir. sur-pri-se. a-ler-te. zes-te. lor-gner. zig-zag. leur. a-zur. lour-de. bo-xeur. rec-teur. char. res-te. chas-te. mou-rir. chef. roc. cher. rus-ti-que. mar-cheur. a-ni-mal. phar-ma-cie. mar-teau. si-gnal. mer-le. ro-ssi-gnol (1). ox-i-mel. é-pa-gneul. scor-pi-on. mor-tel. sub-stan-ce. mul-ti-tu-de. ob-sti-né. a-mour. sub-sti-tu-é. se-moir. ob-scur. meur-tre. mal-pro-pre-té. de-scen-dre. e-ffa-cé. e-ffi-ca-ce. e-ffi-gie. e-ffleu-rer. s'e-ffor-cer. e-ssai. ca-re-sser. res-su-sci-ter. pa-re-sseu-se. be-cque-ter. ce-llu-le. in-te-rro-ger. in-te-rrom-pre. a-ssu-je-ttir. a-ssu-je-tti-sse-ment. te-rre. co-mman-der. po-mmi-er. o-ffen-ser. no-mmer. par-do-nner. ra-cco-mmo-der. s'ob-sti-ner. gro-ssi-er. e-ssuy-er. pi-geo-nni-er. é-tre-nne. e-lle. le-ttre. re-fle-xi-on. qu'il vi-e-nne. qu'il ti-e-nne. e-nne-mi. ju-li-e-nne. la jeu-ne-sse. ga-re-nne. la gue-rre. u-ne lu-ne-tte. re-nnes. le-mme. di-lemme. a-bbé. a-bbe-sse. na-ppe. bo-tte. a-ffai-re. fo-lle. po-mme. so-mme. bo-nne. to-nneau. o-ccu-pé. a-ppel. a-cca-blé. a-ggra-ver. o-ffrir. ho-mme. pru-de-mment (pru-da-mment.) fe-mme (fa-mme.) co-e-nne. (co-a-nne.) so-le-nnel (so-la-nnel.) e-nnui (a-nnui.) so-le-nni-té (so-la-nni-té).

---

(1) Lorsqu'une consonne est redoublée, la première ne se prononce pas ordinairement.

Prononciation de trois consonnes.

spl. splen-deur. splen-di-de. tran-splan-ter.
scl. mu-scle. e-scla-ve.
scr. in-scrit. scru-té. scri-be. scru-pu-le.
str. ab-strait. stro-phe. a-stre. mon-stre. in-stru-ment. mi-ni-stre. sou-strac-tion. re-gi-stre. ad-mi-nis-trer, etc.

Mots dans lesquels les consonnes redoublées se prononcent toutes les deux.

ac-cès. suc-cès. ac-cé-der. suc-cé-der. ac-cé-lé-rer. ac-cep-ter. ac-ci-dent. suc-cinct, etc.

ad-di-tion. ad-di-tio-nner. red-di-tion. al-lé-go-rie. a-ppel-la-tif. bel-li-queux. va-cil-ler. mil-le-nai-re. con-stel-la-tion. gal-li-can. il-lé-gal. il-lé-gi-ti-me. il-li-ci-te. il-lu-mi-né. il-lu-si on. il-lus-tre. *et les autres mots commençant par* ill. *de plus* im-man-qua-ble. im-mé-dia-te. im-mo-bi-le. *et les autres mots commençant par* i-mm (1). an-na-les. an-ne-xe. an-no-ta-tion. an-nu-el. an-nu-ler. con-ni-ven-ce. in-né. in-no-ver (2). in-no-cen-ce. ab-hor-rer. con-cur-ren-ce. er-rer. er-reur. er-ro-nné. hor-reur. hor-ri-ble. nar-ra-tion. ter-reur. tor-rent. ir-ra-dia-tion. ir-ré-fra-ga-ble. ir-ré-gu-lier. *et les autres mots commençant par* irr. je cour-rai. je mour-rai. j'a-cquer-rai. etc. an-nu-ai-re. ty-ran-nie. im-pas-si-ble. ré-mis-sible. vi-cis-si-tu-de. i-ras-ci-ble. con-cu pis-cen-ce. las-cif. col-la-té-ral. col-lo-que. im-ma-cu-lé. im-men-se. im-mor-tel, etc.

---

(1) *im-m.* se prononce. (*ime-m*). (2) *in-n* (*ine-n*). etc.

Mots dans lesquels ail, eil, euil, œil, ueil, ouil, il *et* ill *ont le son mouillé.*

ail.   bail. bé-tail. dé-tail. tra-vail. por-tail, etc.
eil.   so-mmeil. ver-meil. so-leil. con-seil, etc.
euil. deuil. fau-teuil. cer-feuil. un seuil, etc.
œil.   œil (euil), œill-et. œill-a-de. œill-e-ton, etc.
ueil. ac-cueil. é-cueil. re-cueil. or-gueil, etc.
ouil. fe-nouil. gre-nouill-e. dé-pouill-e. fouill-e, etc.
ill.   { é-trill-e. fa-mill-e. fill-e. cé-dill-e. grill-e. len-till-e.
       { bé-quill-e. brill-er. en-tor-till-er, etc.

Baill-er. dé-taill-er. tra-vaill-er. etc. ba-taill-e. paill-e, etc. bou-teill-e. mer-veill-e. veill-er. feuill-e. ci-trouill-e. dé-pouill-er. fouill-er, etc. ha-bill-er. gaill-ard. gen-till-e-sse. meill-eur. pill-a-ge. taill-eur. aill-eurs, etc. a-vril. ba-bil, etc. ba-bill-er. un gen-til-ho-mme, etc.

Mots dans lesquels ill *n'est point mouillé.*

Vi-lle. vi-lla-ge. Li-lle. mi-lle. pu-pi-lle. tran-qui-lle. tran-qui-lli-té. il di-sti-lle. il va-ci-lle, etc.

Ch *se prononce comme* **k** *dans les mots:*

A-na-cho-rè-te. ar-chan-ge. a-na-chro-nis-me. ca-té-chu-mè-ne. chal-dé-en. cha-os. chœur. cho-ri-ste. é-cho-eu-cha-ris-tie. ma-cha-bées. un or-che-stre. na-bu-cho-do-no-sor, etc. chré-tien. christ. chrê-me. chro-ni-que. chro-no-lo-gie. te-chni-que. ar-chon-te. eu-cha-ris. mel-chior. mu-nich. ba-ruch, etc.

y *entre deux voyelles se prononce comme deux* ii.

Ray-on. ray-é. fray-eur. moy-en. doy-en. ci-toy-en. (moi-i-in, etc.) croy-an-ce. croy-a-ble. boy-au. voy-a-ge. pay-s. pay-san. a-bbay-e. (a-bè i.) ba-lay-er, etc.

(19)

Mots terminés par une consonne qui ne se prononce pas. Les consonnes d, t, s, p, x, z, n *et* g *ne se prononcent presque jamais à la fin des mots. — Exemple.*

Grand. froid. rond. tard. chaud. nid. lard. gond, etc.
rat. mot. fruit. a-chat. cou-vent. droit. fort. art, etc.
bas. pas. re-pos. tas. a-vis. a-mas. con-fus. très, etc.
drap. camp. loup. si-rop. trop. coup. champ, etc.
flux. roux. croix. é-poux. ja-loux. voix. paix, etc.
nez. vous por-tez. vous é-ti-ez. vous se-rez, etc.
bâ-ton. ty-ran. vi-lain. bon. vin. au-cun, etc.
sang. long. oing. rang. poing. fau-bourg, etc.

Ajoutez-y les mots suivants :

Ba-ril. ou-til. four-nil. gril. faim. daim. é-taim.
nom. sur-nom. pro-nom. a-dam. dam. par-fum. pa-pier. i-mi-ter. plan-cher, *et presque tous les mots qui se terminent en* er ; *et de plus* : mon-sieur. clef. é-teuf. fu-sil. soûl. plu-riel (plu-rié). ta-bac. banc. blanc. flanc. franc. porc. jonc. tronc. e-sto-mac. clerc, etc.

Dans les autres mots on prononce ordinairement b, c, f, l, m *et* r, *lors même qu'ils sont à la fin du mot. — Exemple.*

Club. jo-ab. mo-ab. job. ja-cob. ca-leb. sac. ca-duc. donc. soc. arc. bec. a-vec. froc. lac. duc. ac-tif. cerf. chef. bœuf. nef. nerf. veuf. a-ni-mal. vol. cal-cul. seul. che-val. sol. sub-til. con-sul. é-gal. nul. mal. ré-qui-em (1). ad-rem. i-dem. i-tem. in-te-rim (in-té-ri-me) char. tour. par-tir. dur. chair. pleu-voir, etc. *ajoutez* a-mer. (;) can-cer. cher. en-fler. fer. fier. hier. mer. pa-ter. ju-pi-ter. Es-ther. ver. hi-ver. cuill-er. fra-ter. ga-ster. ma-gi-ster. é-ther, etc.

---

(1) **Prononcez** *ré-cui-è-me, ad-rè-me, a-mè-re, can-cè-re*, etc.

Mots à la fin desquels on prononce les consonnes d, t, s, p, x, z, *et* g.

Da-vid. ga-la-ad. é-phod. sud. fat. tact. in-tact. con-tact. ex-act. di-stinct. rapt. strict. in-fect. corr-ect. dé-fi-cit. est (*orient*). ou-est. lest. luth. rit. su-bit. ab-ject. di-rect. su-spect. zé-nith. le christ. ag-nus. a-nus. as. a-tlas. bis. blo-cus. cho-rus. fœ-tus. gra-tis. i-ris. ja-dis. laps *de temps*. ma-cis. mars. o-re-mus. ours. pro-spec-tus. ré-bus. si-nus. vis. tu-nis. reims. mé-ri-nos. ve-nus. ba-cchus. cap. croup. ja-lap. a-lep. fé-lix. hé-nix. pré-fix. in-dex. gaz. metz (mèce). ro-dez (rodèce). joug. bourg (bourk), etc.

La consonne r se prononce encore à la fin des mots suivants :

E-gard. é-cart. liard. part. di-vers. per-vers. il perd. con-cert. de-sert. a-ccord. bord. de-hors. re-tors. corps. re-mords. e-ffort. re-ssort. lourd. sourd. re-cours. se-cours. court. j'ac-quiers. je dors. je meurs, je pars. je perds, etc. *quoique les consonnes qui suivent ne se prononcent pas.*

Dans les mots où les consonnes finales c, f, l, t, p, doivent se prononcer, elles se prononcent même devant la consonne finale s qui est alors nulle à la fin du mot.

Sacs. ducs. ca-ducs, socs. lacs. arcs. sucs. boucs. turcs. becs. parcs. ac-tifs. cerfs. chefs. nefs. nerfs. juifs. tar-dif. veufs. mor-tels. seuls. vols. cal-culs. sub-tils. con-suls. nuls. in-tacts. stricts. corr-ects. di-rects. ex-acts. caps. bourgs (bourk), etc.

Paon, *se prononce* (pan). faon (fan). laon (lan). caen (can). taon (ton). août (oût), etc.

Mots terminés par deux consonnes qui ne se prononcent pas.

Grands. nids. ronds. froids. lacs (piéges). corps. ex-empt. francs. al-ma-nach. in-stinct. ha-rengs. vingt. fonds. pouls. faulx. Jé-sus-Christ. doigt. mords. prompt. coups. bœufs. champs. muids. fils. dards. sourds. blonds. laids. bords. je vends. je rends. rats. mots. fruits. cou-vents. ré-duits. droits. forts. arts. dents. sol-dats. pots. é-troits. ca-chots. morts. chats. courts. dé-fauts. sots. pa-rents. draps. loups. temps. corps. champs. longs. rangs. fau-bourgs. coups. doigts. a-rengs. noms. ou-tils. par-fums. pa-piers. plan-chers. clefs. bancs. blancs. flancs. porcs. troncs. saints. glands. mots. ca-nards. poings. coings. poids. puits. gonds. fonds. tords. clercs. ex-empts. em-prunts. é-gouts. im-pots. con-joints. parts. ré-chauds. bri-gands. é-ten-dards. a-bri-cots. bien-faits. les ra-gouts. des dé-troits. aux sa-luts. les ma-te-lots. des a-ttri-buts, etc.

gn *se prononce comme* gue-n, *dans les mots:*

Reg-ni-co-le. ag-nus. cog-ni-ti-on. ig-né. i-nex-pug-na-ble. stag-nant. stag-na-tion. g-no-mo-ni-que. cog-ni-tif. in-cog-ni-to. etc.

x *se prononce comme* z, *dans les mots:*

Deu-xiè-me. si-xiè-me. di-xiè-me. di-xai-ne. dix-huit. dix-neuf, etc.

x *se prononce comme* ss, *dans les mots:*

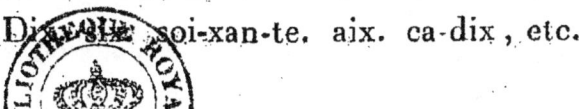Di-xiè-me. soi-xan-te. aix. ca-dix, etc.

Mots dans lesquels qua, que, qui *se prononcent*
coua, cué, cui.

A-qua-ti-que. é-qua-teur. é-qua-tion. in quar-to. lo-qua-ci-té. qua-dra-gé-uai-re. qua-dra-gé-si-me. qua-dra-tu-re. qua-dri-la-tè-re. qua-dru-pè-de. qua-dru-ple. é-que-stre. é-qui-la-té-ral. li-qué-fac-ti-on. que-steur. à quia. qui-é-tu-de. quin-qua-gé-si-me. quin-que-nnal. quin-tu-ple, etc.

Les voyelles éi, oé, aï, oï, aü *et* oü *se prononcent en deux syllabes.* — *Exemple.*

J'o-bé-is. dé-i-ci-de. dé-i-ste. thé-i-ste. po-é-sie. po-é-ti-que. po-è-te. po-è-me. i-sa-ïe. mo-ï-se. si-na-ï. ha-ï. ha-ïr. na-ïf. na-ï-ve-té. fa-ï-en-ce. a-ï-eul. a-do-na-ï. ca-ïn. ja-ïr. hé-ro-ïque. na-ïm. é-sa-ü. sa-ül. co-ïn-ci-der. hé-ro-ïs-me. e-mma-üs. etc.

Mots dans lesquels gua, gue, gui *se prononcent*
gou-a, gu-ë, gu-ï.

Gua-de-lou-pe. ai-gu-ë. am-bi-gu-ë. con-ti-gu-ë. de la ci-gu-ë. ai-gu-ill-e. ai-gu-ill-ée. ai-gu-ill-on. ai-gu-ill-o-nner. ai-gu-i-ser. am-bi-gu-i-té. con-ti-gu-i-té. i-nex-tin-gu-i-ble, etc.

eu *se prononce comme* u *dans les mots* :

Il a eu. j'eus. tu eus. il eut. nous eû-mes. vous eû-tes. ils eu-rent. que j'eu-sse. que tu eu-sses. qu'il eût, etc. ga-geu-re. man-geu-re. nous a-vons eu, etc.

Les trois lettres ent *se prononcent comme un
e muet à la fin de tous les mots devant lesquels
on peut mettre* ils *ou* elles. — *Exemple :*

Ils por-tent. e-lles chan-tent. ils par-lè-rent. e-lles ven-di-rent. les en-fants ai-ment le jeu. les li-è-vres cou-rent pré-ci-pi-ta-mment, etc.

h *est aspirée dans les mots suivants :*

Le ha-bleur. la ha-che. le ha-choir. la hai-ne. ha-ïr. la ha-lle. la ha-lle-bar-de. la han-che. le han-gar. le ha-nne-ton. han-ter. la ha-ran-gue. le ha-ras. har-ce-ler. les har-des. la har-die-sse. le ha-reng. le ha-ri-cot. la har-pe. la har-pie. le har-pon. la hart. le ha-sard. la hâ-te. hâ-tif. la hau-sse. le haut. le haut-bois. la hau-teur. le ha-vre. le hé-raut. le hé-ri sson. le hé-ros. la her-se. le hi-bou. la hi-é-rar-chie. le ho-chet. la ho-llan de. la hon-te. le ho-quet. le ho-que-ton. le hou-blon. la hou-le-tte. la hou-ppe. la hou-sse. le hoy-au. la hu-che. le hu-gue-not. la hu-ppe. la hu-re. la hu-tte.

*Remarquez bien que dans le corps du mot,
toutes les lettres se prononcent ordinairement.
Cependant* p *ne se prononce pas devant* t,
ni m *devant* n, *dans les mots suivants :*

Bap-tê-me. bap-ti-ser. bap-ti-stai-re. bap-tis-te. ex-empt. ex-emp-ter. comp-te. comp-ter. domp-ter. prompt. promp-te-ment. sept. sep-tiè me. domp-ta-ble. sculp-ter. sculp-tu-re. sculp-teur. promp-ti-tu-de. au-tom-ne. dam-ner. dam-na-ble. dam-na-ti-on. *et dans les composés de ces mots : comme* con-dam-ner. con-dam-na-ti-on. dé-comp-ter. etc., *ajoutez* les-quels. des-quels. aux-quels, *qu'on prononce* (lè-quel. dè-quel. au-quel).

Exceptions, difficultés et liaisons avec la prononciation entre parenthèses.

Ar-de-mment (ar-da-man). dé-ce-mment (dé-ça-man) é-vi-de-mment. (é-vi-da-man). he-nnir. (ha-nir). œil. (euil). chœur. (keu-re). pied. (pié). nez. (né). beau et bon. (bau é bon) a-ssez. (a-ssé) bu-vez. (bu-vé). cher-cher. (cher-ché). ber-ger. (ber-gé). pou-let. (pou-lè.) ob-jet. (ob-jè). bref. (brè-fe). chef. (chè-fe). au-tel (au-tè-le). i-dem. (i-dè-me). hy-men. (hi-mè-ne). a-mer. (a-mè-re). cher. (chè-re). grec. (grè-ke). sec. sè-ke). in-dex. (in-dè-xe). ma-xi-mum. (ma-xi-mo-me). te dé-um. (té dé-o-me). ga-geu-re. (ga-ju-re). j'ai eu. (jé u). j'eus. (ju). que j'eu-sse. (que ju-sse). vœu. (veu). août. (ou). à jeun. (à jun). in-te-rim. (in-té-ri-me). im-mor-tel. (ime-mor-tè-le). in-no-vé. (ine-no-vé). cray-on. (cré-i-on). tuy-au. (tui-i-au). pays. (pé-i). pay-san. (pé-i-san). asth-me. (ase-me). asth-ma-ti-que. (ase-ma-ti-que). sep-tiè-me. (sè-ti-è-me). cen-ti-è-me. (cen-ti-è-me). sou-tien. (sou-ti-in). por-tier. (por-ti-é). nous chan-tions. (nou chan-ti-on). vous par-liez. (vou par-lié). vous por-tiez. (vou por-tié). pa-tient. (pa-ci-an). quo-tient. (quo-ci-an.) pa-tien-ce. (pa-cian-ce). tran-si-ger. (tran-zi-gé). tran-sac-tion. (tran-zac-cion). tran-si-tion. (tran-zi-cion). ba-stion. (ba-sti-on). pa-ra-sol. (pa-ra-ssol). pré-sé-an-ce. (pré-ssé-an-ce). vrai-sem-bla-ble. (vrai-ssan-bla-ble). tu es. (tu è).

Vous a-vez a-ppris. (vou za-vé za-pri). aux en-fants. (au zan-fan) co-mment il faut ai-mer un Dieu. (co-man til fau tai-mé run Dieu). un si grand a-mour. (un si gran ta-mou-re). il é-toit à Pa-ris. (i-lé-tai ta Pa ri) chez un mar-chaud. (ché zun mar-chan). c'est un grand ho-mme. (cè tun gran to-me). c'est u-ne gran-de a-ffai-re. (cè tu-ne gran-da-ffai-re). bon a-mi. (bo na-mi). il est au-ssi (i lè tau-si).

Alphabet dans l'ordre des dictionnaires.

A B C D E F G H I J K L M
N O P Q R S T U V W X Y Z.

a b c d e f g h i j k l m
n o p q r s t u v w x y z.

PRI-È-RES.

Au nom du Pè-re, et du Fils, et du Saint-Es-prit. Ain-si soit-il.

O-rai-son do-mi-ni-ca-le.

No-tre Pè-re, qui ê-tes aux Ci-eux, que vo-tre nom soit sanc-ti-fié; que vo-tre rè-gne a-rri-ve; que vo-tre vo-lon-té soit fai-te en la te-rre co-mme au Ciel; do-nnez nous au-jour-d'hui no-tre pain quo-ti-dien; par-do-nnez nous nos o-ffen-ses co-mme nous par-do-nnons à ceux qui nous ont o-ffen-sés; et ne nous lai-ssez pas su-ccom-ber à la ten-ta-tion; mais dé-li-vrez nous du mal. Ain-si soit-il.

Sa-lu-ta-tion an-gé-li-que.

Je vous sa-lue, Ma-rie, plei-ne de grâ-ce; le Sei-gneur est a-vec vous; vous ê-tes bé-nie en-tre tou-tes les fe-mmes, et Jé-sus, le fruit de vos en-traill-es, est bé-ni. Sain-te Ma-rie, mè-re de Dieu, pri-ez pour nous, pau-vres pé-cheurs, main-te-nant et à l'heu-re de no-tre mort. Ain-si soit-il.

Sym-bo-le des A-pô-tres.

Je crois en Dieu le Pè-re tout-puissant, cré-a-teur du Ciel et de la te-rre, et en Jé-sus-Christ son Fils u-ni-que no-tre Sei-gneur, qui a é-té con-çu du Saint-Es-prit, est né de la Vier-ge Ma-rie, a sou-ffert sous Pon-ce Pi-la-te, a é-té cru-ci-fié, est mort, a é-té en-se-ve-li, est de-scen-du aux en-fers, le troi-siè-me jour est re-ssu-sci-té des morts, est mon-té aux Cieux, est a-ssis à la droi-te de Dieu le Pè-re tout-pui-ssant, d'où il vien-dra ju-ger les vi-vans et les morts.

Je crois au Saint-Es-prit, la sain-te E-gli-se ca-tho-li-que, la co-mmu-nion des Saints, la ré-mi-ssion des pé-chés, la ré-su-rrec-tion de la chair, la vie é-ter-ne-lle. Ain-si soit-il.

Co-mman-de-ments de Dieu.

1. Un seul Dieu tu a-do-re-ras
   Et ai-me-ras par-fai-te-ment.
2. Dieu en vain tu ne ju-re-ras,
   Ni au-tre cho-se pa-reill-e-ment.
3. Les Di-man-ches tu gar-de-ras,
   En ser-vant Dieu dé-vo-te-ment.
4. Tes pè-re et mè-re ho-no-re-ras,
   A-fin de vi-vre lon-gue-ment.
5. Ho-mi-ci-de point ne se-ras
   De fait ni vo-lon-tai-re-ment.
6. Lu-xu-ri-eux point ne se-ras
   De corps ni de con-sen-te-ment.
7. Le bien d'au-trui tu ne pren-dras,
   Ni re-tien-dras à ton e-scient.
8. Faux té-moi-gna-ge ne di-ras,
   Ni men-ti-ras au-cu-ne-ment.
9. L'œu-vre de chair ne dé-si-re-ras

Qu'en ma-ria-ge seu-le-ment.
10. Biens d'au-trui ne con-voi-te-ras,
Pour les a-voir in-ju-ste-ment.

Co-mman-de-ments de l'E-gli-se.

1. Les Di-man-ches Me-sse ou-i-ras,
Et les Fê-tes pa-reill-e-ment.
2. Les Fê-tes tu sanc-ti-fie-ras
Qui te sont de co-mman-de-ment.
3. Tous tes pé-chés con-fe-sse-ras
A tout le moins une fois l'an.
4. Ton Cré-a-teur tu re-ce-vras
Au moins à Pâ-ques hum-ble-ment.
5. Qua-tre-Temps, vi-gi-les, jeû-ne-ras,
Et le Ca-rê-me en-tiè-re-ment.
6. Ven-dre-di, chair ne man-ge-ras
Ni le Sa-me-di mê-me-ment.

Con-fe-ssion des pé-chés.

Je con-fe-sse à Dieu tout-pui-ssant, à la bien-heu-reu-se Ma-rie, tou-jours Vier-ge, à saint Mi-chel ar-chan-ge, à saint Jean Bap-ti-ste, aux A-pô-tres, saint Pie-rre et saint Paul, à tous les Saints, et à vous, mon pè-re, que j'ai beau-coup pé-ché par pen-sées, par pa-ro-les et par ac-tions : c'est ma fau-te, c'est ma fau-te, c'est ma très-gran-de fau-te. C'est pour-quoi je su-pplie la bien-heu-reu-se Ma-rie, tou-jours Vier-ge, saint Mi-chel, ar-chan-ge, saint Jean Bap-ti-ste, les a-pô-tres saint Pie-rre et saint Paul, tous les Saints, et vous, mon pè-re, de pri-er pour moi le Sei-gneur no-tre Dieu.

Que le Dieu tout-pui-ssant nous fa-sse mi-sé-ri-cor-de, et qu'a-près nous a-voir par-do-nné nos pé-chés, il nous con-dui-se à la vie é-ter-ne-lle.

Ain-si soit-il.

Pri-è-re à l'An-ge Gar-dien.

An-ge, mon Pro-tec-teur, ne m'a-ban-do-nnez pas,
É-clai-rez mon es-prit et con-dui-sez mes pas :
Pro-cu-rez mon sa-lut, ô di-vin tu-té-lai-re !
Ins-pi-rez moi tou-jours le dé-sir de bien faire.

Pri-è-re à son saint Pa-tron.

Saint N. mon glo-ri-eux Pa-tron, soy-ez mon a-vo-cat et mon pro-tec-teur au-près de Dieu, ob-te-nez-moi, par vo-tre pui-ssan-te in-ter-ce-ssion, tou-tes les grâ-ces qui me sont né-ce-ssai-res, pour i-mi-ter vos ver-tus, a-fin que mar-chant sur vos tra-ces, je pui-sse mé-ri-ter d'a-rri-ver un jour au bon-heur dont vous joui-ssez dans le Ciel pour tou-te l'é-ter-ni-té.
Ain-si soit-il.

Ac-te de Foi.

Mon Dieu, je tiens pour très-cer-tain et a-ssu-ré tout ce que vous a-vez dit et ré-vé-lé à vo-tre É-gli-se, par-ce que vous ê-tes la vé-ri-té mê-me, et que vous ne pou-vez nous trom-per, ni ê-tre trom-pé.

Ac-te d'Es-pé-ran-ce.

Mon Dieu, j'es-pè-re que par vo-tre bon-té et mi-sé-ri-cor-de in-fi-nie, vous m'a-ccor-de-rez vo-tre sain-te grâ-ce en ce mon-de, pour gar-der vos co-mman-de-ments, et vo-tre gloi-re en l'au-tre ; par-ce que vous l'a-vez pro-mis à ceux qui vous se-ront o-bé-i-ssants, et que vous ê-tes fi-dè-le en vos pro-me-sses.

Ac-te de Cha-ri-té.

Mon Dieu, je vous ai-me de tout mon cœur, par

de-ssus tou-tes cho-ses, pour l'a-mour de vous-mê-me, et j'ai-me mon pro-chain co-mme moi mê-me pour l'a-mour de vous.

Ac-te de Con-tri-tion.

Mon Dieu, je re-gre-tte de tout mon cœur de vous a-voir o-ffen-sé, par-ce que vous ê-tes in-fi-ni-ment bon et ai-ma-ble, que le pé-ché vous dé-plaît. Je me pro-po-se, mon Dieu, moy-e-nnant vo tre sain-te grâ-ce, de n'y plus re-tom-ber, et de mou-rir plu-tôt mi-lle fois que de vous o-ffen-ser en-co-re u-ne seu-le fois mor-te-lle-ment.

Pri-è-re pour les morts.

Du pro-fond de l'a-bî-me, je crie vers vous, Sei-gneur; Sei-gneur, é-cou-tez ma voix.

Que vos o-reill-es soient a-tten-ti-ves à la voix de ma pri-è-re.

Si vous a-rrê-tez les yeux sur nos i-ni-qui-tés, Sei-gneur; Sei-gneur, qui de nous pou-rra sub-si-ster en vo-tre pré-sen-ce ?

Mais il y a en vous une a-bon-dan-te mi-sé-ri-cor-de; et j'es-pè-re en vous à cau-se de vo-tre loi, Sei-gneur.

Mon a-me es-père en la pa-ro-le du Sei-gneur; mon a-me met son es-pé-ran-ce dans le Sei-gneur.

Qu'Is-ra-ël es-pè-re au Sei-gneur, de-puis la poin-te du jour jus-qu'à la nuit.

Par-ce que le Sei-gneur est plein de mi-sé-ri-cor-de, qu'il a des grâ-ces a-bon-dan-tes pour nous ra-che-ter.

Et ce se-ra lui-mê-me qui ra-che-te-ra Is-ra-ël, en le dé-li-vrant de tou-tes ses i-ni-qui-tés.

Sei-gneur, do-nnez le re-pos é-ter-nel aux Fi-dè-les tré-pa-ssés.

℣. De la por-te de l'en-fer.

℞. Sei-gneur, re-ti-rez leurs a-mes.

℣. Qu'ils re-po-sent en paix.

℟. Ain-si soit-il.
℣. Sei-gneur, ex-au-cez ma pri-è-re.
℟. Et que mes cris s'é-lè-vent jus-qu'à vous.

Pri-ons.

O Dieu, qui ê-tes le Cré-a-teur et le Ré-dem-pteur de tous les Fi-dè-les, a-ccor-dez aux a-mes de vos ser-vi-teurs et ser-van-tes, la ré-mi-ssion de leurs pé-chés, a-fin qu'e-lles ob-tie-nnent par les très-hum-bles pri-è-res de vo-tre E-gli-se, le par-don qu'e-lles ont tou-jours dé-si-ré. C'est ce que nous vous de-man-dons pour e-lles, ô Jé-sus, qui vi-vez et ré-gnez dans les siè-cles des siè-cles. Ain-si soit-il.

PRINCIPAUX ARTICLES DE LA FOI.

Il y a un Dieu qui est un être infini et éternel, Dieu n'a point de corps; c'est un esprit : il ne peut être aperçu par nos sens. Il subsiste en trois personnes distinctes, qui sont le Père, le Fils et le Saint-Esprit. Le Père est Dieu, le Fils est Dieu, le Saint-Esprit est Dieu. Ces trois personnes néan-moins ne sont qu'un seul Dieu; et il est impossible qu'il y ait plus d'un Dieu.

Dieu a aimé les hommes jusqu'à leur envoyer son Fils unique, la seconde personne de la très-sainte Trinité qui est Dieu même. Le Fils de Dieu s'est fait homme par l'opération du Saint-Esprit dans le sein d'une Vierge. Il faut bien remar-quer que c'est le Fils de Dieu seul, et non pas le Père ou le Saint-Esprit qui s'est fait homme. On appelle Jésus-Christ le Fils de Dieu fait homme, en sorte que Jésus-Christ est en même temps vrai Dieu et vrai homme.

Jésus-Christ, après avoir vécu environ trente-trois ans, a voulu mourir par le supplice infâme de la croix. Il a choisi ce genre de mort pour porter la peine due au péché, et pour réconcilier les hommes avec Dieu par son Sang.

A la fin du monde, tous les hommes morts ressusciteront pour recevoir en corps et en ame la récompense ou la punition éternelle qu'ils auront méritée ; mais les membres de l'Eglise seront les seuls qui ressusciteront avec des corps glorieux, et qui auront part à la vie éternelle. Tous les autres ne ressusciteront que pour aller après le jugement général, en corps et en ame, souffrir en enfer les supplices éternels avec les démons.

Pour avoir part à la résurrection glorieuse et à la vie éternelle, il ne suffit pas d'avoir été membre de l'Eglise; il faut outre cela avoir vécu et être mort chrétiennement. Vivre chrétiennement et saintement, c'est éviter le péché, pratiquer la vertu, obéir à Dieu et à l'Eglise.

On appelle péché tout ce qui déplaît à Dieu ; on appelle vertu tout ce qui nous approche de Dieu.

Il y a sept péchés principaux qu'on nomme capitaux, parce que chacun d'eux est le principe de plusieurs autres. Ces péchés sont l'orgueil, l'avarice, l'impureté, la gourmandise, l'envie, la colère et la paresse.

Les Vertus qui nous portent à Dieu sont la Foi, l'Espérance et la Charité. Par la Foi nous croyons tout ce que Dieu nous a révélé. Par l'Espérance, nous attendons les biens qu'il nous a promis; et par la Charité, nous aimons Dieu par-dessus toutes choses, et le prochain comme nous-mêmes. Si nous n'avons la Charité nous ne sommes rien aux yeux de Dieu.

Nous ne pouvons connoître que nous avons la Charité qu'en examinant si nous obéissons à Dieu et à l'Eglise.

Pour obéir à Dieu et à l'Eglise, nous avons besoin du secours et de la grâce de Dieu; Dieu nous communique sa grâce par le moyen des Sacremens et de la prière.

Il y a sept Sacremens, qui sont le Baptême, la Confirmation, l'Eucharistie, la Pénitence, l'Extrême-Onction, l'Ordre et le Mariage.

La prière est l'autre canal des grâces. Prier c'est s'élever à Dieu, et c'est un devoir des plus indispensables de la religion. Pour s'en acquitter, il faut faire pour Dieu tout ce que l'on fait, et employer quelque temps à la prière tous les jours, au moins le matin et le soir. Mais quand on prie, il faut le faire au nom de Jésus-Christ, avec foi, attention, ferveur, confiance et persévérance.

PRIÈRES EN LATIN.

Nota. *En latin toutes les lettres se prononcent, excepté* h, *mais* e, æ, œ *se prononcent* (é), um (o-me), un (o-ne), qua (cou-a), que (cu-é), qui (cu-i); ch *se prononce comme* k, *et* gn *comme* gue-n, *ou* g-n, *etc.*

ORAISON DOMINICALE.

Pater noster, qui es in cœlis; sanctificetur nomen tuum : adveniat regnum tuum : fiat voluntas tua sicut in cœlo et in terrâ : panem nostrum quotidianum da nobis hodiè : et dimitte nobis debita nostra, sicut et nos dimittimus debitoribus nostris : et ne nos inducas in tentationem : sed libera nos à malo. Amen.

SALUTATION ANGÉLIQUE.

Ave, Maria, gratiâ plena; Dominus tecum : benedicta tu in mulieribus, et benedictus fructus ventris tui, Jesus.

Sancta Maria, Mater Dei, ora pro nobis peccatoribus, nunc et in horâ mortis nostræ. Amen.

SYMBOLE DES APOTRES.

Credo in Deum, Patrem omnipotentem, Creatorem cœli et terræ; et in Jesum Christum, Filium ejus unicum, Dominum nostrum : qui conceptus est de Spiritu Sancto, natus ex Mariâ Virgine : passus sub Pontio Pilato : crucifixus, mortuus, et sepultus : descendit ad inferos : tertiâ die resurrexit à mortuis : ascendit ad cœlos, sedet ad dexteram Dei Patris omnipotentis : indè venturus est judicare vivos et mortuos. Credo in Spiritum sanctum, sanctam Ecclesiam catholicam, Sanctorum communionem, remissionem peccatorum, carnis resurrectionem, vitam æternam. Amen.

CONFESSION DES PÉCHÉS.

Confiteor Deo omnipotenti, beatæ Mariæ semper Virgini, beato Michaeli Archangelo, beato Joanni Baptistæ, sanctis Apostolis Petro et Paulo, omnibus Sanctis, et tibi Pater, quia peccavi nimis cogitatione, verbo et opere, meâ culpâ, meâ culpâ, meâ maximâ culpâ. Ideò precor beatam Mariam semper virginem, beatum Michaelem Archangelum, beatum Joannem Baptistam, sanctos Apostolos Petrum et Paulum, omnes Sanctos, et te Pater, ora pro me ad Dominum Deum nostrum.

LILLE.—IMP. DE L. LEFORT, 1835.

MAXIMES TIRÉES DE L'ÉCRITURE-SAINTE; nouv. édit. en franç. gros caractère. in-18.

PENSÉES RELIGIEUSES ET MORALES, extraites des psaumes de David, formant un premier livre de lecture pour les élèves des écoles primaires; ouvrage adopté par le conseil royal de l'instruction publique. in-18.

GUIDE DE L'ENFANCE, ou leçons et exemples de la bienséance civile et chrétienne. in-18.

CIVILITÉ CHRÉTIENNE, ou règles de la bienséance, par J. B. de la Salle. in-12. *Caractère gothique. Lille*, 1835.

GRAMMAIRE FRANÇOISE de Lhomond, nouvelle édition revue et augmentée d'après les Grammairiens les plus célèbres, avec des exemples tirés de nos meilleurs auteurs, propres à servir d'exercices pour l'application des règles, suivie de modèles d'analyse grammaticale et d'un traité de versification françoise, par Fontorelle. 1830. in-12. 3.e édition.

CACOGRAPHIE (nouvelle) ou exercices gradués sur l'orthographe, la syntaxe, la ponctuation, et spécialement sur les participes; à l'usage des maisons d'éducation et des écoles chrétiennes, par Fontorelle. in-18. 1827.

— Corrigé *du même ouvrage*, à l'usage des professeurs. in-18.

ARITHMÉTIQUE (nouveau traité d') DÉCIMALE, contenant toutes les opérations ordinaires du calcul, les fractions, la racine carrée, les réductions des anciennes mesures en nouvelles, et réciproquement; un abrégé de l'ancien calcul; les principes pour mesurer les surfaces et la solidité des corps, etc., enrichi de 1316 problèmes à résoudre pour servir d'exercice aux élèves; à l'usage des écoles chrétiennes. *Lille*, 1830. in-12.

ABRÉGÉ DE GÉOGRAPHIE commerciale et historique, contenant un précis d'Astronomie selon le système de Copernic, les définitions des différens météores, un tableau synoptique de chaque département, et des notions historiques sur les différens états du globe, etc.; suivi des mœurs et usages des peuples, etc. par L. C. et F. P. Ouvrage orné de 6 cartes géographiques, *à l'usage des Ecoles primaires*. 2.° édit. in-12. 1834.

ABRÉGÉ (nouvel) DE L'HISTOIRE DE FRANCE, depuis le commencement de la monarchie, *à l'usage des colléges et des maisons d'éducation*; par H. Prévault. in-18. carte.

www.ingramcontent.com/pod-product-compliance
Lightning Source LLC
Chambersburg PA
CBHW060902050426
42453CB00010B/1538